De l'Imprimerie de MOLLER, au Couvent des
Filles-Thomas, vis-à-vis la rue Vivienne.

LA CAUSE DES PROSCRITS,

OU

NOTICE CRITIQUE ET RAISONNÉE

SUR LES LOIS RELATIVES A L'ÉMIGRATION.

Ouvrage utile aux Fonctionnaires publics et Employés, aux Hommes de Loi et d'affaires, aux prévenus d'émigration, à leurs parens et fondés de pouvoir.

PAR ***, Homme de Loi.

Ils veulent être libres, et ne savent pas être justes.

SIEYES.

A PARIS,

Chez les Marchands de Nouveautés.

AN VIII.

PRÉFACE.

$\mathbf{L}$ORSQU'ENFIN les rênes du Gouvernement sont confiées à des hommes qui ne conçoivent pas de liberté sans la justice, je crois rendre un service essentiel à mes concitoyens, en leur offrant une notice critique et raisonnée sur les lois relatives à l'émigration ; on sait en effet que la multiplicité, l'insuffisance et le style [1] souvent gothique de ces lois, en rendent la connaissance très-difficile à acquérir, et ne permettent pas à l'homme, qui n'en a pas fait une étude approfondie, d'en saisir le véritable sens : mais cette législation incohérente était très-commode pour un ministère corrompu, qui la remplaçait souvent par une jurisprudence secrète, dont les

____

(1) La première assemblée nationale est la seule qui avai un comité de rédaction, et c'est la seule qui n'en avait pas besoin.

maximes variaient suivant les caprices de la tyrannie.

Je n'ai pas besoin de dire quelles étaient ces maximes , lorsqu'un misérable [1], qui avait appris à gouverner en copiant la correspondance du comité de sûreté générale avec les comités révolutionnaires, disait, dans une circulaire du 6 thermidor an 7 , que le sort des pétitionnaires devait dépendre de leurs liaisons de famille et d'amitié , et qu'il fallait substituer les preuves morales [2] aux preuves légales [3].

Si l'on peut suppléer à la connaissance de cette jurisprudence mystérieuse par une longue habitude des affaires, et par des travaux administratifs, rarement interrompus, j'aurai sans doute rempli les vœux du lecteur. Cet ouvrage était terminé avant le 18 brumaire , et je n'y

---

[1] L'imbécille Bourguignon , élevé au ministère , parce que sa fille plaisait à Gohier.
[2] Lisez dénonciations.
[3] *Voyez* le tableau joint à la circulaire.

ai rien changé depuis cette époque à jamais mémorable, parce que l'opinion de l'homme de bien est indépendante des évènemens.

D'ailleurs, mon but principal étant de faire connaître la législation telle qu'elle est, et non telle qu'elle devrait être, j'ai mieux aimé présenter des vérités utiles, que d'agréables illusions : j'ai plus écrit en légiste qu'en législateur; et ceux même qui pensent que les lois relatives à l'émigration blessent l'équité, trouveront, dans leur analyse, les moyens de défendre leur opinion.

Il m'eût été facile de publier plutôt ce travail important; mais à quoi servait-il aux proscrits de connaître leurs droits, lorsqu'on refusait d'examiner leurs titres?

En l'an 4, il y avait 18,000 réclamations contre la liste des émigrés, 6000 sont jugées, et il en reste encore 20,000. S'il n'est pas nécessaire d'avoir le talent de Laplace pour résoudre ce problême, il était au moins très-difficile de prévoir l'époque où l'on aurait fini de prononcer sur ces réclamations et sur celles qu'auraient occasionnées les nouvelles inscriptions qui se multipliaient avec une effrayante rapidité.

Est-il rien de plus injuste, et par conséquent de plus impolitique, que la lenteur dans la décision des affaires de cette nature? Il est vrai que le séquestre *ministériel nationalise* les revenus des pétitionnaires ; mais quelle honteuse ressource ! ces revenus sont d'ailleurs bien diminués avant d'arriver au trésor public, et cette mesure tarit nécessairement plusieurs sources de la fortune nationale, par l'interruption des affaires et des transactions particulières. Dans cette partie de son administration, comme dans toutes les autres, Ramel [1] a voulu nous rappeler

---

[1] On a prétendu l'excuser, en disant que sa circulaire du ...., qui a ordonné le séquestre des biens des préve-

l'abbé Terray et les sauvages de la Louisiane; comme eux, il a coupé l'arbre pour en cueillir le fruit.

Cependant, les propriétaires séparés de leur famille, qui sollicite en vain la pitié, languissent, dans le besoin, sur une terre étrangère, en vertu de lá loi du 19 fructidor an 5. Lorsque l'ordre des radiations n'était pas déterminé, chaque réclamant pouvait espérer que son affaire ne tarderait pas à être examinée : l'imagination lui rendait présent un bien qui pourtant était très-éloigné ; mais la loi du 17 messidor a été rendue [1],

---

nus d'émigration, était autorisée par un arrêté *verbal* du directoire exécutif.

> Quand le maitre au sujet prescrit des attentats,
> L'on présente sa tête, et l'on n'obéit pas.

Mais Ramel a toujours mieux aimé être bourreau que victime.

[1] Le conseil des sages n'a adopté cette sotte résolution, que parce qu'il en rejettait, à cette époque, une foule d'autres encore plus odieuses, et qu'il craignait d'augmenter le nombre de ses ennemis dans le conseil des Cinq-Cents.

et la plus grande partie des prévenus d'émigration a lu sur la porte du ministère de la police : *Ici il n'y a plus d'espérance* [1].

A-t-on cru que la persécution inspirerait à ses victimes plus d'attachement et plus de respect pour la main qui les opprimait ? Et de quel œil l'homme juste pouvait-il envisager la puissance qui frappait ou épargnait aveuglément amis et ennemis, qui rendait la même action innocente ou criminelle, suivant qu'il lui plaisait d'accorder ou de refuser la mise en surveillance ?

Mais sur-tout, quel jugement peut-on porter sur les légataires du comité de salut public, dont la fureur se dirigeait spécialement contre les victimes de leurs

____

[1] Suivant le message du directoire, adressé au conseil des Cinq-Cents le 6 brumaire an 8 , il avait alors été statué définitivement sur vingt-six réclamations, depuis la loi du 17 messidor.

persécutions, et qui préfèrent un émigré de l'armée de Condé au patriote qui n'a fui que parce qu'il a été proscrit, et qui n'a été procrit que parce qu'il n'a pas voulu servir leurs projets anarchiques. Cependant, cent mille sollicitans, bien humbles, importunaient cent mille sol-licités bien insolens ; tandis qu'une si forte partie de la nation était obligée de ramper, et qu'une autre montrait une dignité si orgueilleusement burlesque ; certains hommes d'affaires, ou préten-dus amis d'un directeur, ou pour le moins d'un ministre, vous assuraient qu'avec des sacrifices (1), votre affaire s'arrangerait ; et comme ils avaient le

(1) La France est à l'encan : par de lâches contrats,
L'or achète aujourd'hui d'infâmes magistrats.

Ja fin du dix-huitième siècle.

Il serait à désirer que l'auteur de cette satire, qui an-nonce un talent réel, consacrât ses veilles à des ouvrages républicains.

tarif de votre fortune, le marché, qui devait completter la ruine d'une famille honnête, était bientôt conclu. Ces habitudes étaient-elles bien propres à faire naître et à conserver cet esprit de désintéressement et d'égalité sans lequel il n'y a point de république?

Ce n'est pas seulement pour l'innocent qu'une prompte justice est nécessaire, elle l'est aussi pour les coupables; car, tant qu'ils ne seront pas distingués, on ne saura à qui l'on doit accorder du mépris ou de l'intérêt; et la haîne qu'inspire le traître qui s'est armé contre sa patrie, est nécessairement affaiblie par les circonstances; qui placent sur la même ligne l'homme paisible qui lui est resté fidèle, et le citoyen zélé qui l'a servi avec dévouement.

Ces réflexions n'ont pas échappé aux membres des commissions consulaire

et législatives, et le fruit de leurs médi-
tations ne tardera pas sans doute à
remplir l'attente du peuple, dont la
juste impatience a été si long-tems
trompée.

Heureux si cet essai peut concourir
à cet avantage, et si je n'ai pas en vain
appelé l'attention publique sur un objet
d'un intérêt aussi général !

Nota. Lorsque l'on veut traiter une
affaire, il faut lire, non-seulement l'article qui concerne la question qu'elle
fait naître, mais encore les articles
*émigration, prévention, tems utile, dé-
chéance.*

P. S. On assure que l'examen des
demandes en radiation va être confié
à un ministre qui réunit la finesse de
l'esprit à la profondeur du génie, à
Cambacérès, auteur d'un projet de

Code civil, qui honorera le législateur qui voudra l'adopter, et fera le désespoir de celui qui tentera d'y substituer son propre ouvrage.

L'art. Ier. de la loi du 13 septembre 1792 porte :

« La loi du 8 avril dernier, relative au
» séquestre des biens des émigrés, s'applique
» (sauf les exceptions y portées) à tous Fran-
» çais sortis du territoire français, soit à
» l'époque du 9 février précédent, soit de-
» puis, ou qui viendraient par la suite à
» émigrer. »

Les lois postérieures, et notamment le paragraphe IV de l'art. VI, et l'art. XII de celle du 28 mars 1793, le paragraphe II de l'art. Ier. du titre Ier., les articles II et XIV du titre III de la loi du 25 brumaire an 3, sont conçus dans le même esprit. Ainsi, la résidence en pays étranger n'a pas cessé d'être réputée émigration, pour les personnes qui ne sont comprises dans aucun cas d'exception, ou dont l'absence n'est pas suffisamment autorisée par un passe-port.

Il est vrai que l'article XV de la constitution se borne à réputer *étranger tout citoyen qui aura résidé sept années consécutives hors du territoire de la république française sans mission ou autorisation donnée au nom de la nation*, et lui laisse même la faculté de *redevenir citoyen français* ; mais on a pensé

(15)

que cette disposition constitutionnelle , qui
est pour tous les tems , n'abroge pas les peines
plus fortes établies par les lois antérieures,
et ne prive pas le corps législatif du droit de
les conserver ou d'en établir d'autres , pour
les tems extraordinaires. Or, quand la république est attaquée avec violence par les
peuples barbares du Nord , n'est-il pas d'une
sage politique de maintenir une mesure qui
empéche d'indignes Français de se réunir
impunément aux ennemis de leur patrie?

Je sais que le gouvernement a fait un abus
scandaleux de cet instrument terrible , en
multipliant les victimes , par l'inscription de
leurs noms sur la liste des émigrés, sans égard
pour les services rendus et pour les droits de
l'innocence et du civisme. Mais tout annonce
la fin d'un despotisme aussi révoltant ; et si
la paix peut seule permettre de briser pour
l'avenir cette sanglante table de proscription,
on ne tardera pas sans doute à rendre une
loi *qui fera cesser toute crainte de persécution , et dont l'effet salutaire paiera avec
usure la sécurité qu'elle aura inspirée* [1].

---

[1] Discours de Creuzé-Latouche , du 3 brumaire an 7.

CHAPITRE II.

Prévention.

CET article est un des plus importans, et c'est peut-être celui sur lequel on a les idées les moins claires. J'essaierai de les fixer avec précision.

La prévention de l'émigration résulte :

1°. De l'inscription sur la liste des émigrés,

2°. Du séquestre des biens ;

3°. Ou des poursuites judiciaires, ordonnés pour cause d'absence présumée, par l'autorité qui avait droit d'inscrire, c'est-à-dire par le directoire du département, depuis la loi du 9 février 1792 jusqu'à la publication de celle du 25 brumaire an 3, ensuite par le directoire du district, jusqu'à l'établissement du régime constitutionnel, et par l'administration centrale depuis cette époque.

Les lois des 28 mars 1793 et 25 brumaire an 3, ont ordonné que l'inscription sur la liste des émigrés désignerait les noms, prénoms, surnoms, ci-devant qualités ou professions des prévenus ; et comme cette désignation n'a

pas

pas toujours été complette, bien des personnes ont pensé qu'une inscription qui n'est pas suivant la loi est essentiellement nulle : mais on a observé que ces détails ne sont pas prescrits à peine de nullité, que leur principal objet était de faire connaître les biens qui devaient être frappés du séquestre, et que l'inscription individuelle ou collective est valable, si elle offre par elle-même ou par le séquestre qui en a été la suite, quelque circonstance exclusivement applicable à la personne ou aux personnes incrites. Cette opinion a prévalu. Il semble cependant que quand la loi a déterminé les caractères d'une accusation, tout acte qui ne les réunit pas doit être sans effet, et que l'on n'est pas fondé à opposer à un citoyen une inscription vague, qui prouve qu'il n'était pas même connu de l'administration qui l'a ordonnée.

La liste générale des émigrés de la république, formée par le ministère, n'est qu'une transcription mécanique des listes particulières, qui seules établissent la prévention ; mais elle suppose l'existence de celles-ci, et tout individu dont le nom est porté sur la liste générale, doit être traité comme prévenu

5

d'émigration , tant qu'il ne fournit pas la preuve du contraire.

J'ai dit que le séquestre des biens ne donnait lieu à la prévention que lorsqu'il a été ordonné par l'autorité qui avait droit d'inscrire : en effet, les états des absens que les autorités subalternes ont fournis, et le séquestre qu'elles ont apposé sur leurs biens, en exécution des articles VII de la loi du 8 avril 1792; VI de celle du 23 août suivant ; X, XI, XII, XIII, XIV de la loi du 28 mars 1793; I et II de celle du 31 juillet même année ; II et XVI du titre III de celle du 25 brumaire an 3, n'étaient que des mesures préliminaires sur lesquelles il appartenait aux administrations de département ou de district, suivant les époques précitées, de statuer définitivement, d'après les articles VIII; VI; XV, LXI et LXXII; XVIII; et Ier; titre III, des mêmes lois. Il est vrai que l'article XXIX du titre III de la loi du 25 brumaire porte : « Les arrêtés des directoires de district sur » les réclamations tendant à obtenir la main- » levée du séquestre, quoique le prévenu » d'émigration ne soit pas porté sur la liste » des émigrés, ne seront que provisoires. » Mais il est évident que cet article suppose le cas où le séquestre a été mis par l'autorité qui avait droit d'inscrire. Cela résulte non-seulement du mot *prévenu*, mais encore des autres dispositions de la loi; car ne se serait-elle pas contredite si, lorsqu'elle a privé les directoires de district, autres que celui du domicile, et les municipalités, du droit d'inscrire sur la liste des émigrés, le séquestre qu'elle les autorisait à ordonner dans quelques circonstances devait produire le même effet que l'inscription? Cette observation est également applicable aux poursuites judiciaires.

Si une administration abuse de ses pouvoirs pour absoudre un individu qui aurait émigré, les articles 193 et 195 de la constitution donnent aux ministres la faculté d'annuller provisoirement les actes administratifs qui sont contraires aux lois, et le directoire exécutif peut les annuller définitivement, suivant les articles 195 et 196.

Si l'autorité supérieure croit devoir user de ce droit constitutionnel, l'administration centrale doit inscrire suivant sa décision : mais ni les ministres, qui peuvent appeler son attention sur un objet qu'elle néglige ou qu'elle ignore, ni le directoire exécutif, ne doivent ordonner des inscriptions *de propre mouvement*.

La prévention résultant du séquestre frappe la personne qui était propriétaire dès biens au moment où il a été apposé; mais je pense qu'un prévenu dont le nom n'est pas inscrit sur la liste, et qui de fait n'a pas émigré, n'est pas dans le cas de la loi du 19 fructidor an 5. La réclamation, ou même la radiation provisoire d'un individu suppose la prévention, mais ne l'établit pas.

On n'est pas prévenu d'émigration par *cela seul* qu'on est sorti du territoire français; car il est des personnes qui ont rempli avec tant de soin les formalités prescrites par les lois, ou qui sont si évidemment dans un cas d'exception, qu'il doit leur suffire de présenter leurs titres aux autorités locales. On conçoit que la nécessité d'une décision du directoire sur tout individu qui s'est absenté, serait contraire à l'esprit de la loi, nuirait aux intérêts du commerce et vexerait les agens de la république en pays étranger. La prévention ne doit donc être établie que d'après les circonstances de l'absence. C'est aux administrations centrales qu'il appartient de les apprécier et de juger définitivement (sauf l'appli-

cation des articles 193, 195 et 196 de la
constitution), si l'individu doit être inscrit
dans les formes déterminées par la section Ire.
du titre III de la loi du 25 brumaire. C'est
à-peu-près ainsi que, suivant les articles 238
et 253 de la constitution, et suivant le code
pénal du 3 brumaire an 4, un citoyen poursuivi pour un délit ordinaire, est définitivement acquitté, lorsqu'un premier jury déclare
qu'il ne doit pas être accusé.

Quand la prévention d'émigration est établie, elle ne peut être effacée que par la décision définitive de l'autorité exécutive suprême:
Tel est l'esprit des articles XXII et XXXV
du titre III de la loi du 25 brumaire. L'article LXVII de celle du 28 mars 1793, conte-
nait une disposition semblable. C'est sans
doute dans le même sens, que le ministre
de la police générale a observé, dans sa circulaire du 18 brumaire an 7 [1], *que tout
acte administratif sur le fait d'émigration
est nécessairement provisoire.*

Suivant les articles XVII, XVIII et XX
du titre III de la loi du 25 brumaire, toute

---

[1] Cette circulaire est très-mal écrite.

personne inscrite sur la liste des émigrés qui n'a présenté en tems utile sa réclamation et les pièces à l'appui, est présumée émigrée : Dans ce cas, l'inscription doit produire les mêmes effets que la maintenue définitive.

CHAPITRE III.

Maintenue.

EN justice ordinaire, l'auteur d'une accusation doit la prouver, et tout accusé qui n'est pas convaincu, est déclaré innocent. Les lois relatives à l'émigration sont fondées sur un principe contraire; et tout prévenu qui ne justifie pas, dans les formes légales, de sa résidence sur le territoire français, ou de ses droits à une exception, est maintenu définitivement sur la liste des émigrés.

CHAPITRE IV.

Résidence : tems durant lequel il faut la prouver.

LA résidence de tout individu qui demande sa radiation, et qui n'est compris dans aucun cas d'exception, doit être attestée *au moins* depuis un mois après la promulgation de la loi du 8 avril 1792 (article Ier. de la loi du 25 brumaire, et loi du 25 messidor an 3), jusqu'au moment de la réclamation ; mais si sa résidence n'est pas prouvée *depuis le 9 février* 1792, il doit faire cette preuve dans le délai de deux mois, après avoir obtenu sa radiation définitive, ou payer une indemnité équivalente au double de ses contributions foncière et mobilière de 1792. (Loi du 12 frimaire an 3).

Il ne peut d'ailleurs obtenir la levée définitive du séquestre établi sur ses biens, qu'après avoir justifié à l'administration centrale du lieu de leur situation, de la continuation de sa résidence depuis l'époque exprimée au dernier certificat produit jusqu'au moment de sa radiation définitive, ou de sa sortie du territoire français, en exécution de la loi du 19 fructidor an 5.

Les personnes qui réclament le bénéfice d'une exception, sont aussi tenues de justifier de leur résidence sur le territoire français, pendant le tems auquel l'exception n'est pas applicable.

CHAPITRE V.

Résidence. (Formes des preuves de la)

LES certificats de résidence nécessaires pour obtenir la radiation définitive, sont ceux délivrés dans les formes prescrites ; 1°. par la loi du 20 décembre 1790, avant la publication de celle du 28 mars 1793 ; (Article XXX de ladite loi du 28 mars : décret de la convention nationale du 23 germinal an 3).

2°. Par la loi du 28 mars 1793, avant la publication de celle du 25 brumaire an 3 ; (Art. X, section III, titre II ; art. II, titre dernier de la loi du 25 brumaire).

3°. Par ladite loi du 25 brumaire an 3, depuis sa publication.

Les certificats qu'on peut ne représenter qu'après la radiation définitive , doivent être conformes aux dispositions de la section première du titre II de la loi du 25 brumaire an 3 , concernant les non-prévenus d'émigration.

Il est essentiel de remarquer les différences que les lois ont établies dans les formes des certificats de résidence , et si toutes les conditions prescrites ont été observées à l'égard de ceux que l'on produit.

Le défaut d'enregistrement emporte la nullité. Cette formalité a dû être remplie dans la huitaine *du visa* du directoire du département, pour les certificats de résidence délivrés en vertu des lois des 20 décembre 1792, et 28 mars 1793 (art. V et XXIV desdites lois, et loi du 9 ventôse an 2), et dans la décade du *dernier visa* , pour les certificats délivrés en exécution de la loi du 25 brumaire an 3 , (articles III et IX du titre II de ladite loi).

Dans la commune de Paris, les certificats ont dû être délivrés par les comités civils des sections , depuis la publication et en vertu de la loi du 25 frimaire an 3 , jusqu'à l'établissement du régime constitutionnel. Depuis cette époque, cette fonction est exercée dans toute la république, par les administrations municipales.

Par une autre loi du même jour, l'administration du département de la Seine a été autorisée à viser les certificats de résidence conformes aux dispositions de la loi du 28 mars 1793, qui se trouvaient alors dans ses bureaux.

CHAPITRE VI.

Détention.

L'ARTICLE XXIV du titre II de la loi du 25 brumaire an 3, porte : « A l'égard des » détenus, l'extrait de leur écrou auquel sera » joint leur signalement, signé par eux et » le concierge, et visé par la municipalité du » lieu de la détention, suppléera à l'attestation » d'impossibilité de transport ». Il est évident que cet article a pour objet unique, le mode de constater l'état *actuel* de la détention. Cependant, l'usage s'est établi d'en prouver la *durée* de la même manière ; mais comme aucune disposition législative n'est particulièrement applicable à l'espèce, je pense qu'on peut aussi justifier du tems de la détention par un certificat de résidence revêtu des formes ordinaires. Il semble que les certificats produits avant la publication de la loi du 25 brumaire, sont également admissibles, quelqu'en soit la forme, s'ils sont authentiques et désignent les individus d'une manière certaine.

CHAPITRE VII.

Passe-ports pour l'intérieur.

« L'ABSENCE pour voyage dans l'intérieur » de la république n'interrompra pas la con- » tinuité de la résidence, pourvu qu'elle soit » justifiée par des passe-ports visés par les » municipalités ». Quoique cette disposition de l'article V du titre II de la loi du 25 brumaire an 3 ne soit relative qu'aux non-prévenus d'émigration, le bon sens et l'équité veulent qu'elle soit également appliquée aux prévenus.

CHAPITRE VIII.

Exceptions.

ON entend par exception, la résidence légitime en pays étranger ; les différens motifs d'exception sont spécifiés dans les lois du 25 brumaire, 22 nivôse, 22 germinal et 22 prairial an 3. Nous allons les traiter chacun séparément.

La déportation doit être considérée sous des rapports différens de l'émigration. Les personnes qui, sans être comprises positivement dans aucun des cas indiqués par les lois précitées, sont sorties du territoire français avec des passe-ports, prétendent aussi n'être point émigrées. Ces deux questions seront examinées.

CHAPITRE IX.

Enfans au-dessous de 14 ans.

NE sont pas réputés émigrés les enfans de l'un et de l'autre sexe qui, au jour de la

publication de la loi du 28 mars 1793 , n'é-
taient pas âgés de 14 ans , pourvu qu'ils
soient rentrés en France dans les trois mois
du jour de ladite promulgation , et qu'ils ne
soient pas *convaincus* d'ailleurs d'avoir porté
les armes contre la patrie. (Paragraphe Ier.
de l'article II du titre Ier. de la loi du 25
brumaire an 3.)

CHAPITRE X.

Enfans au-dessous de 10 ans.

NE sont pas réputés émigrés les enfans de
l'un et de l'autre sexe qui, ayant moins de
10 ans à l'époque de la promulgation de la
loi du 28 mars 1793 , rentrent en France
dans les trois mois du jour où ils ont atteint
l'âge de 10 ans accomplis. (Paragraphe II de
l'article II du titre Ier. de la loi du 25 brumaire.)

CHAPITRE XI.

Mission.

NE sont pas émigrés les Français chargés de mission par le gouvernement dans les pays étrangers, leurs épouses, pères, mères, enfans, les personnes de leur suite et celles attachées à leur service, sans que celles-ci puissent être admises au-delà du nombre que chacun de ces fonctionnaires en emploie habituellement, et pourvu qu'ils soient rentrés en France dans les trois mois du jour de leur rappel notifié. (Paragraphe V de l'article Ier., et III de l'article II de la loi du 25 brumaire.)

CHAPITRE XII.

Négocians et Ouvriers.

NE sont pas réputés émigrés les négocians, leurs facteurs et les ouvriers, notoirement connus pour être dans l'usage de faire, en raison de leur commerce ou de leur profession, des voyages chez l'étranger, les épouses et enfans desdits négocians demeurant avec eux, leurs commis et les personnes employées à leur service, dans le nombre que chacun d'eux en entretient habituellement.

Ils doivent justifier de leur commerce ou profession et de l'habitude de leurs voyages, par des certificats authentiques des conseils généraux des communes de leur résidence, *visés* par les directoires de district et *vérifiés* par les directoires de département. Ceux qui sont sortis de France depuis le 9 février 1792, sont tenus en outre de représenter les passe-ports dont ils ont dû se pourvoir, ou des extraits authentiques de ces pièces. (Paragraphe IV de l'art. II de la loi du 25 brumaire.)

CHAPITRE XIII.

Sciences, Arts et Métiers.

NE seront pas réputés émigrés les Français qui, n'ayant aucune fonction publique, civile ou militaire, justifieront qu'ils se sont livrés à l'étude des sciences, arts et métiers, qu'ils ont été notoirement connus avant leur départ pour s'être consacrés exclusivement à cette étude, et ne s'être absentés que pour acquérir de nouvelles connaissances dans leur état.

Ne sèront pas compris dans la présente exception, ceux qui n'ont cultivé les sciences et les arts que comme amateurs, ni ceux qui, ayant quelque autre état, ne font pas leur profession unique des sciences et arts, à moins que par des arrêtés des conseils-généraux des communes de leur résidence, visés et vérifiés par les directoires de district et de département, antérieurement au 10 août 1792, ils n'eussent été reconnus être dans l'exception portée par l'art. VI de la loi du 8 avril 1792, en faveur des sciences et des arts. (Paragraphe V de l'article II de la loi du 25 brumaire.)

La justification indiquée par la première disposition de ce paragraphe, a dû être faite par des certificats des conseils-généraux des communes, visés et vérifiés par les directoires de district et de département.

CHAPITRE

CHAPITRE XIV.

Education.

NE seront pas réputés émigrés les enfans que leurs parens, leurs tuteurs ou ceux qui en sont chargés ont envoyés en pays étranger pour apprendre le commerce ou pour leur éducation, à la charge de prouver la notoriété de ce fait par des certificats des conseils-généraux des communes de leur résidence, *visés* et *vérifiés* par les directoires du district et du département. (Paragr. VI de l'art. II de la loi du 25 brumaire.)

La loi n'exige point la représentation des passe-ports de ceux qui réclament le bénéfice de cette exception; mais on sent qu'il leur serait très-avantageux d'en produire dans lesquels le but de leur voyage serait indiqué.

Quoique la loi n'ait pas fixé précisément l'âge auquel on a pu légitimement aller ou rester en pays étranger pour son éducation, on remarque, par les termes dont elle s'est servi, que l'âge des prévenus est une circonstance importante, et que leur absence

n'a pas dû se prolonger au-delà du terme nécessaire à son objet.

CHAPITRE XV.

Etablissement ou naturalisation en pays étranger.

Suivant le paragraphe VII de l'article II
du titre Ier. de la loi du 25 brumaire an 3,
modifié par l'article 373 de la constitution,
les Français *établis* ou *naturalisés* en pays
étranger avant le 15 juillet 1789, ne sont pas
réputés émigrés.

Les formes de la naturalisation varient
d'après les lois des différentes nations.

L'établissement consiste dans le mariage
ou dans une entreprise de commerce, d'art
ou d'agriculture. On pense que le service militaire ou des fonctions civiles n'ont point le
caractère d'établissement. La loi n'a pas déterminé le mode suivant lequel l'établissement ou la naturalisation en pays étranger
doit être prouvé.

Les biens des Français qui sont dans le cas

du présent article étaient assujétis aux dispositions des décrets applicables aux nations chez lesquelles ils résident ; mais la loi du 14 nivôse an 3 abroge toutes celles relatives au séquestre et au dépôt des biens appartenant aux habitans des pays en guerre avec la république.

Néanmoins, les Français qui étaient en pays étranger avant le 15 juillet 1789, sont assimilés aux émigrés, s'ils se sont retirés depuis les hostilités commencées sur le territoire des puissances en guerre avec la France, ou dans les électorats et évêchés du Rhin, dans les cercles intérieurs de l'empire ou dans le cercle de Bourgogne. (2e. alinéa de l'art. III du titre Ier. de la loi du 25 brumaire an 3). A cet égard la présomption est en leur faveur, tant qu'on n'a pas la preuve de leur résidence sur le pays ennemi.

CHAPITRE XVI.

Résidence sans établissement ni naturalisation en pays étranger, avant le 15 juillet 1792.

LA loi du 8 avril 1792, et celle du 28 mars 1793 n'avaient pas établi de différence entre les Français mis ou naturalisés, et ceux résidant simplement en pays étranger avant le 15 juillet 1789; mais, le 11 brumaire an 2, la convention nationale a décrété que « la loi qui ordonnait le séquestre des biens » des étrangers, serait applicable aux Fran- » çais qui sont sortis de la *république* avant » le 15 juillet 1789, et qui ne sont pas ren- » trés en France »; et suivant l'article III du titre Ier. de la loi du 25 brumaire an 3, les propriétés de ceux qui sont dans le cas de la loi du 11 brumaire an 2, et qui n'é- taient ni établis ni naturalisés en pays étran- ger avant le 15 juillet 1789, « sont mises sous » la main de la nation; il est défendu à ces » individus de rentrer en France tant que

» durera la guerre, sous peine d'être détenus,
» par mesure de sûreté, jusqu'à la paix ».

Au surplus, la dernière disposition du chapitre XV de cette notice leur est applicable. Il résulte évidemment de ce qui précède, que ceux qui sont rentrés en France avant le 11 brumaire an 2, ont dû être réintégrés dans tous leurs droits de citoyen. Par une conséquence nécessaire, ils sont émigrés, s'ils sont sortis de nouveau du territoire français. (Paragraphe IV de l'article VIII de la loi du 28 mars 1793.)

Sont exceptés de la main-mise nationale les biens des Français absens depuis plus de dix ans avant le 15 juillet 1789, dont l'existence était ignorée avant cette époque, et a depuis continué de l'être. (Art. IV du tit. Ier. de la loi du 25 brumaire.)

CHAPITRE XVII.

Etrangers : Suisses.

IL est évident que les lois rendues contre les émigrés français ne sont pas applicables aux étrangers, mais on ne doit pas donner ce dernier titre à l'individu qui a exercé les droits de citoyen en France, quoique né en pays étranger, ou qui, depuis le 15 juillet 1789, a possédé un double domicile, l'un en France, l'autre en pays étranger. C'est, sans doute, pour les excepter de cette disposition du paragraphe III de l'art. Ier. du titre Ier. de la loi du 25 brumaire, que l'article V du même titre porte : « Les Suisses et leurs alliés » composant la confédération helvétique, ne » sont pas compris dans les dispositions de » la présente loi. »

La loi du 14 nivôse an 3 ordonne « qu'il » ne soit plus donné de suite aux décrets re- » latifs au séquestre et au dépôt des biens » appartenant aux habitans des pays en guerre » avec la république.

CHAPITRE XVIII.

Laboureurs et ouvriers.

NE seront pas réputés émigrés les ouvriers et laboureurs non ex-nobles ou prêtres, tra-vaillant habituellemenr de leurs mains aux ateliers, aux fabriques, aux manufactures ou à la terre, et vivant de leur travail journalier, leurs femmes et leurs enfans au-dessous de 18 ans, pourvu qu'ils ne soient sortis du territoire de la république que depuis le 1er. mai 1793, qu'ils soient rentrés en France avant le 1.er germinal an 3, et que dans le mois suivant ils aient produit devant le directoire du district de leur dernière résidence, une attestation de huit témoins, certifiée par le conseil-général de la commune et par le comité révolutionnaire, constatant la profession qu'ils exerçaient avant leur sortie de France, ainsi que l'époque de cette sortie. (Art. IV de la loi du 22 nivôse an 3). L'attestation du comité révolutionnaire a dû être remplacée, depuis la suppression de cette autorité, par celle du directoire de district, et depuis la mise en activité de la constitution, par le *visa* de l'administration centrale.

Quant aux prévenus qui, se trouvant dans le cas de cette exception, sont rentrés en France après le 1er. germinal an 3, ou n'ont pas réclamé en tems utile, voyez l'article *déchéance*, sur la loi du quatrième jour complémentaire an 3.

CHAPITRE XIX.

Fédéralistes prétendus : hors la loi.

Suivant la loi du 22 prairial an 3, « les
» individus qui prouvent que par suite, ou
» à l'occasion des évènemens des 31 mai,
» 1er. et 2 juin, ils ont été obligés de se ca-
» cher ou de fuir, pour se soustraire à l'op-
» pression sous laquelle ils gémissaient, **et**
» aux dangers dont étaient menacés ceux
» qu'on inculpait de prétendu fédéralisme,
» d'improbation desdits évènemens, de con-
» vocation d'assemblées ou réunion d'autori-
» tés constituées et de sections, de partici-
» pation ou de présence auxdites assemblées,
» d'adhésion à leurs délibérations, de con-
» cours à leur exécution, de levée de force
» départementale ou autres prétendus actes
» fédératifs, et qui ont été inscrits sur la
» liste des émigrés après le 31 mai 1793 », ont
droit d'obtenir leur radiation définitive dans
les formes ordinaires, sans être tenus de prouver leur résidence postérieure à cette époque.

Le bénéfice de la même loi, est également
applicable à tout individu inscrit sur la liste
des émigrés , *postérieurement au 27 mars
1793 ,* qui prouve , dans les formes et les délais déterminés par ladite loi , qu'il a été dé-
noncé ou poursuivi par l'une des causes expri-
mées par les décrets des 27 mars 1793 et 23
ventôse an 2 , « qui avaient mis hors la loi
» tous les ennemis de la révolution, et or-
» donné de punir , comme leurs complices ,
» tous ceux qui les avaient recélés, ou n'a-
» vaient pas découvert le lieu de leur retraite » ;
cependant , on n'adopterait pas cette opinion,
si l'on ne s'attachait qu'au sens littéral de la
dernière phrase de l'article VII de la loi du
22 prairial ; car on pourrait croire que les
preuves exigées par cet article, doivent porter
sur des faits absolument relatifs aux 31 mai,
1er. et 2 juin 1793 ; mais cette manière d'in-
terpréter la loi, *annullerait ,* sous ce rapport,
celle du 22 germinal, que le législateur a voulu
seulement *modifier ,* ainsi qu'il résulte de
l'article VII, et notamment de ce qui concerne
la date de l'inscription ; cette date prouve en
effet une intention évidemment contraire à
celle de restreindre le bienfait d'une justice
tardive aux seules victimes du 31 mai. Or ,

quand les termes de la loi paraissent se con-
tredire , il faut en suivre l'esprit , qui ne peut
être douteux dans cette circonstance. Quant
aux individus qui ont été inscrits sur la liste
des émigrés pour s'être soustrait à l'exécution des décrets qui les avaient mis hors la
loi , nominativement ou collectivement ,
comme membres d'un corps, par suite ou à
l'occasion des évènemens des 31 mai, 1er. et
2 juin, ou en vertu des lois des 27 mars 1793
et 23 ventôse an 2, ils sont rayés définitivement d'après le vœu de la loi du 22 germinal,
et de l'article VII de celle du 22 prairial, s'ils
ont obtenu un acte administratif, portant que
leur inscription sera regardée comme non-
avenue.

Un arrêté du directoire exécutif, en date
du 8 vendémiaire an 5 , concernant le département des Bouches-du-Rhône, rend hom-
mage à ce principe; et la circulaire du ministre
de la police générale , du 13 brumaire an 7,
en recommande l'application.

CHAPITRE XX.

Défenseurs de la Patrie : militaires.

ON entend par *défenseurs de la patrie*, les citoyens faisant le service *purement militaire* dans la garde nationale en activité qui compose l'armée de terre et de mer, suivant les articles 276 et 285 de la constitution : l'expression générique de *militaires* désigne non-seulement les défenseurs de la patrie, mais encore les autres citoyens attachés à l'armée, ou employés à la suite. Cette distinction est importante; car la loi du 4 fructidor an 4, relative à la déchéance, et celle du 17 messidor an 7, qui règle l'ordre des radiations définitives, ne paraissent applicables qu'aux défenseurs de la patrie.

La loi du 18 fructidor an 2, et la section III du titre II de celle du 25 brumaire an 3, ont réglé le mode suivant lequel les militaires doivent justifier de leur résidence et de leur activité de service. Les lois antérieures relatives aux prévenus d'émigration, n'avaient rien statué à cet égard. En conséquence, l'on n'a dû exiger, dans les certificats de service produits avant la publication de la loi du 18 fructidor, d'autres formalités que celles qui sont nécessaires pour en garantir l'authenticité, et pour constater l'identité des certifiés.

On a dû principalement admettre ceux qui ont été délivrés dans les formes prescrites pour les *non-prévenus d'émigration*, par les lois des 29 avril et 29 juin 1792, par les articles 4, 5 et 6 de celle du 31 mars 1793.

Dans tous les cas, il est utile de soumettre les certificats de service militaire à la vérification du ministre de la guerre ou de celui de la marine.

Suivant l'article XVI de la loi du 18 fructidor an 2 : « les frais du séquestre des biens des » défenseurs de la patrie, qui sont reconnus, » d'après les formes prescrites par la loi, » pour n'avoir point émigré, sont à la charge » de la nation ». Quoique cette disposition ne soit pas comprise dans la loi du 25 brumaire an 3, elle ne me paraît pas abrogée, et cependant je crois qu'elle n'est pas exécutée.

CHAPITRE XXI.

Ecclésiastiques déportés.

LA loi du 17 septembre 1793, portant *que les dispositions des lois relatives aux émigrés sont en tous points applicables aux déportés*, a été l'occasion de l'inscription d'un grand nombre d'ecclésiastiques sur la liste des émigrés ; mais cette loi a été abrogée par celles des 20 et 22 fructidor an 3, 12 prairial, 19 et 26 fructidor an 4 : lesdits ecclésiastiques ou leurs héritiers ont dû être admis à réclamer, en exécution de ces lois, leur radiation définitive et la restitution de leurs biens, quelque soit la date de l'inscription. Ils ne sont tenus de prouver leur résidence sur le territoire français, que pour le tems antérieur à la loi en vertu de laquelle ils ont été déportés. Ils ont dû se munir de passe-ports pour s'absenter du territoire de la république ; mais l'omission de cette formalité, dont l'objet était de garantir leur sûreté pendant leur voyage, ne les prive point du droit à la radiation définitive, s'ils ont continué de demeurer en France, ou s'ils ne se sont retirés en pays étranger qu'après la publication de la loi.

Suivant celle du 12 prairial an 4, les prêtres qui ont préféré la déportation à la réclusion ne doivent pas, *pour cette seule cause,* être réputés émigrés. Ceux qui sont inscrits avec la qualification de *déportés,* ne sont pas prévenus d'émigration, car la cause de leur inscription n'est pas douteuse.

Cet article suffit pour l'émigration, seul objet de cet ouvrage. Quant à la déportation et à l'exécution de la loi du 19 fructidor an 5, la marche est clairement tracée dans le message du directoire du 16 ventôse an 6, et dans la circulaire du ministre de la police générale, en date du 14 brumaire an 7.

CHAPITRE XXII.

Condamnés.

LA compétence des tribunaux à l'égard des émigrés ne consiste qu'à juger les infractions du bannissement prononé par les lois; ainsi,

quelque soit le dispositif de leurs jugemens,
la question d'émigration reste toujours en-
tière et ne peut être décidée que par l'autorité
administrative. En conséquence de ce principe, et des dispositions des articles X et XI
de la loi du 21 prairial an 3, les parens des
condamnés ou exécutés pour fait d'émigration, ont pu réclamer leur radiation définitive
et la restitution de leurs biens. Néanmoins,
suivant l'article XII de la même loi, les héritiers de ceux qui ont été pris ou arrêtés les
armes à la main combattant contre les Français, n'ont pu jouir de cet avantage, dans le
cas même où les noms des condamnés n'auraient pas été inscrits sur la liste des émigrés.

CHAPITRE XXIII.

Morts en France.

LA loi du 21 ventôse an 5 est la seule qui
soit particulièrement applicable aux personnes
dont les noms ont été inscrits sur la liste des
émigrés, après leur mort en France, et cette
loi ne concerne que la déchéance. (Voyez le
chapitre qui porte ce titre.)

CHAPITRE XXIV.

Morts en pays étranger.

IL faut ranger en deux classes les individus qui sont morts en pays étranger :

1º. Ceux qui étaient absens de France avant le 15 juillet 1789;

2º. Ceux qui en sont sortis depuis cette époque.

A l'égard des premiers, il est essentiel de remarquer s'ils sont morts avant ou depuis le 11 brumaire an 2; et dans ce dernier cas, si c'est avant ou depuis la publication de la loi du 25 brumaire an 3. A l'égard des seconds, il importe de savoir s'ils sont morts avant le 9 février 1792 ou depuis ce tems, mais avant l'expiration du mois qui a suivi la publication de la loi du 8 avril, même année, ou enfin depuis cette dernière époque.

Ces questions délicates exigeraient une discussion très-étendue; et comme elles n'intéressent qu'un petit nombre de personnes, je me borne à les indiquer ici, me réservant de les traiter ailleurs avec les développemens nécessaires.

CHAPITRE

CHAPITRE XXV.

Maladies : Infirmités : Eaux minérales.

Aucune loi ne comprend les maladies ni la nécessité de prendre les eaux minérales au nombre des causes justificatives de l'absence de l'empire français : c'est dans ce sens qu'est conçue la proclamation du conseil exécutif provisoire , en date du 5 septembre 1792. Cependant , s'il était évidemment prouvé qu'une personne dont la sortie de France était permise , a véritablement été empêchée d'y rentrer en tems utile, par une maladie ou des infirmités graves, il semble que son sort mériterait une attention particulière. Le législateur a voulu garder le silence sur ce point, pour ne pas fournir une excuse bannale aux émigrés ; mais l'équité permet-elle de punir comme un crime l'absence d'un individu dont le retour dans sa patrie a été physiquement impossible ?

4

CHAPITRE XXVI.

Passe-ports pour le pays étranger.

SUIVANT la loi du 7 décembre 1792, les personnes qui, sans être comprises dans aucun cas d'exception admis par les lois rendues contre les émigrés, se sont trouvées dans la nécessité de sortir du territoire de la république, pour leurs intérêts ou pour leurs affaires, ont dû se munir de passe-ports délivrés par les directoires de département. On demande si leur absence a pu être déclarée émigration : c'est demander si la grande nation peut punir comme un crime une action qu'elle a permise, qu'elle a facilitée. Sur quel fondement reposerait une pareille calomnie? La loi du 28 mars 1793, indépendamment des divers cas d'exception qu'elle détermine, déclare aussi *non émigrés les citoyens qui sortiront du territoire français après avoir rempli les formalités prescrites par la loi.* Or, cette loi n'est autre que celle du 7 décembre 1792. Elle n'était donc pas abrogée; et la simple sortie de France avec passe-port n'étaitdonc pas réputée émigration. Si l'on en doutait encore, il suffirait pour en être entièrement convaincu, de lire les décrets rendus par la convention nationale, les 3 germinal et 19 fructidor an 2, en faveur de la veuve Sanguin et de Joseph Masson.

L'objection que l'on peut tirer du silence de la loi du 25 brumaire an 3, sur cette question, n'est pas très-solide ; car elle supposerait un effet rétroactif contraire à tous les principes, et se trouve d'ailleurs absolument détruite par la loi du 14 ventôse an 4, portant : « Les passe-ports à l'étranger se- » ront délivrés par les administrations de » département, sur l'avis motivé des muni- » cipalités, suivant les formes et aux condi- » tions prescrites par la loi du 7 décembre » 1792, qui est *maintenue* en tout ce qui » n'est pas contraire à la présente. » Il résulte des termes même de cette loi, que celle du 7 décembre 1792 n'a pas cessé d'être en vigueur. Les citoyens qui ont usé de la faculté qu'elle leur accordait, ne doivent donc pas être réputés émigrés.

A l'égard de ceux dont la sortie avec passe-port est antérieure à la publication de la loi du 29 juillet 1792, ils peuvent aussi se prévaloir d'une partie de ces considérations ; car l'article IV de la loi du 28 mars précédent, porte : « Les Français ou étrangers qui vou- » dront sortir de France, le déclareront à la » municipalité du lieu de leur résidence, et » il sera fait mention de leur déclaration » dans le passe - port. » On pourrait croire d'abord que cette loi a été abrogée, même pour le passé, par celle du 13 septembre suivant, dont l'article Ier. est ainsi conçu : « La loi du 8 avril dernier, relative au sé- » questre des biens des émigrés, s'applique » (sauf les exceptions y portées) à tous Fran- » çais *sortis* du territoire français, soit à » l'époque de la publication du décret, *soit* » *depuis*, ou qui viendraient par la suite à » émigrer. » L'article XXV de la loi du 8 avril semble aussi venir à l'appui de cette opinion ; mais est-il possible de ne pas chan- ger d'avis, lorsqu'on remarque que la loi du 29 juillet 1792 a suspendu *la délivrance* et *l'usage des passe-ports* à l'étranger, excepté pour les citoyens dont l'absence était auto- risée par la loi du 8 avril ? En suspendant d'une manière positive l'exécution de l'art. IV de la loi du 28 mars, le législateur ne re- connaît-il pas que cet article n'était pas alors abrogé, même implicitement? Il résulte aussi de l'annullation des passe-ports *dont il n'avait pas été fait usage*, la confirmation de ceux dont on s'était servi.

Il ne serait donc pas vrai de dire, en général, qu'un passe-port pris en vertu de la loi du 28 mars 1792, ne dispense pas des peines de l'émigration; mais il convient aussi d'avoir égard aux circonstances particulières de l'absence, et de considérer si elle n'a pas été prolongée au-delà du terme ou de l'objet du passe-port. Quant aux personnes qui sont sorties du territoire français, en contravention à la loi du 29 juillet 1792, il est évident qu'elles sont émigrées.

CHAPITRE XXVII.

Notoriété. (*Actes de*)

LES actes de notoriété réclamés par des prévenus d'émigration, doivent être accordés par les membres des autorités constituées, d'après leurs connaissances particulières ou des renseignemens auxquels ils aient con-

fiance. Suivant l'article II de la loi du 25
frimaire an 3, ces actes ont dû être délivrés
à Paris par les comités civils des sections,
jusqu'au moment de l'organisation des administrations municipales.

CHAPITRE XXVIII.

Conscrits et Réquisitionnaires.

PAR arrêté du 27 vendémiaire an 7, le
directoire exécutif a chargé les administrations centrales des départemens limitrophes
de l'Espagne, et autres, s'il y a lieu, d'inscrire sur la liste des émigrés les réquisition-
naires et conscrits *qui se sont retirés en pays
étranger.*

Ces derniers mots sont un avertissement
pour les administrations centrales d'user avec
ménagement du pouvoir terrible qui leur est
délégué.

CHAPITRE XXIX.

Déportés en vertu des lois des 19 et 22 fructidor an 5.

LA déportation diffère essentiellement de l'émigration ; mais la loi du 19 brumaire an 7 assimile aux émigrés les individus condamnés à la déportation par la loi du 19 fructidor an 5, ou en vertu de celle du 22 du même mois, s'ils ne se sont pas rendus dans un délai déterminé au lieu désigné par le directoire exécutif, ou s'ils se sont soustraits à la déportation après l'avoir subie.

L'île d'Oleron est indiquée, par l'arrêté du directoire, du 28 nivôse an 7, comme lieu de déportation provisoire.

Aussi un homme qui vient de dévoiler les secrets de son art admirable dans un livre qui instruira la postérité ; Sicard, dont le talent honore sa patrie, est inscrit sur la liste des ennemis de la patrie. Les villes de la Grèce se seraient disputé l'honneur de lui avoir donné naissance. La loi du 19 brumaire veut que les villes de la France se disputent l'honneur de le livrer au bourreau. Quand donc le gouvernement de la république sera-t-il livré à des hommes de génie, qui pèsent aussi le mérite dans la balance politique? Avec quel empressement ils poseraient la couronne civique sur la tête de celui que le vandalisme a proscrit!

La loi du   brumaire an 8, porte que celle du 3 brumaire an 4, n'est point applicable aux parens et alliés des déportés de fructidor, dont les noms ont été inscrits sur la liste des émigrés. Rien n'est plus juste que cette disposition; car les délits étant personnels, les peines doivent l'être également: il y a long-tems que ce principe est consacré par l'autorité des sages; mais c'est la première fois, depuis 4 ans, qu'il l'est dans une loi. Le but de la révolution était de rétablir l'égalité: des barbares ont créé une inégalité contraire à celle qui existait; ils ont fait une classe d'ylotes de celle qui était privilégiée; ils ont puni cent mille familles du crime de quelques individus.

Tous les publicistes, dont l'esprit a été nourri des sucs généraux de la philosophie, ont dit qu'il fallait laisser échapper cent coupables, plutôt que de frapper un innocent;

et nous, nous aimons mieux punir cent in-
nocens que d'épargner un coupable.

CHAPITRE XXX.

Lyon.

LES lois rendues en 1793 et en l'an 2, et
les dispositions pénales des arrêtés pris par les
comités de salut public et de sûreté générale,
ou par les représentans du peuple en mission,
contre la ville de Lyon, ont été abrogées par
la loi du 24 pluviôse an 3 ; ainsi, les prévenus
d'émigration de cette commune, se trouvaient
dans le même cas que ceux des autres parties
de la république, lorsque la loi du 17 messidor
an 7 a été rendue. L'article Ier. de cette loi
porte : « Il sera sursis à toute radiation des
» individus inscrits sur la liste des émigrés,
» qui, n'ayant pas *habité Lyon avant le* 2
» *mars* 1793 , sont porteurs de certificats de
» résidence de cette commune , jusqu'à ce
» qu'il ait été statué définitivement sur le
» mode de vérification de ces certificats ».

En général, un sursis à la justice, est une
grande injustice, puisqu'il suspend la punition

du crime et le triomphe de l'innocence. Ici la loi ne conduit pas au but qu'on s'était proposé ; car la plupart des émigrés avaient quitté la France avant le 29 mai 1793 , et ceux qui ont pu obtenir des certificats de la commune de Lyon, ont dû vouloir que le premier terme de la résidence attestée fût d'une date antérieure à cette époque ; ils ne sont donc pas atteints par la loi du 17 messidor. Cette observation prouve que l'absurdité est la compagne ordinaire de la tyrannie.

Il faut bien aussi convenir que Lyon est habitée par quelqu'un, et que les résidences certifiées par ses officiers municipaux, ne sont pas toutes fausses. Pourquoi donc comprendre dans un ajournement indéfini l'examen des réclamations des prévenus, qui effectivement ont demeuré dans la commune de Lyon seulement, depuis le 29 mai 1793? L'équité veut que le mode de vérification, dont la nécessité fait le motif de cet ajournement, soit bientôt établi.

CHAPITRE XXXI.

Toulon.

Suivant les lois des 20 fructidor an 3, 2 et 20 vendémiaire an 4, ceux des habitans de Toulon qui ont pris part à la révolte de cette commune, et contribué à la livrer aux Anglais, ne sont point compris dans les dispositions du décret (rendu le 22 prairial) en faveur des citoyens qui ont quitté leur patrie par suite des évènemens du 31 mai 1793.

Cependant, *les matelots, les boulangers, les artisans manouvriers, travaillant de leurs mains, les officiers de santé employés dans les hôpitaux, les ouvriers de l'Arsenal, les femmes, les enfans, et les vieillards impotens,* ne sont pas privés, par les lois précitées, du bienfait de celle du 22 prairial, s'ils ont fait les preuves qu'elle exige.

CHAPITRE XXXII.

Chouans et Vendéens.

L'AMNISTIE accordé aux ci-devant chouans et vendéens, par les lois des 12 frimaire, 29 nivôse et 8 floréal an 3 , n'est relative qu'au fait de la révolte; et l'article du 5, arrêté pris à la Mabilais, le 1er. floréal an 3 , par les représentans du peuple , commissaires de la convention nationale , ne concerne que les biens des insurgés qui se sont soumis à la république. Ainsi, les lois sur l'émigration sont applicables aux ci-devant chouans et vendéens , émigrés ou prévenus d'émigration , comme aux habitans des autres parties de la république : tel est le sens formel d'un arrêté du directoire exécutif, en date du 8 frimaire an 4 , inséré au Bulletin des Lois.

CHAPITRE XXXIII.

Corse.

LA Corse était réunie à la France avant le 15 juillet 1789 : ainsi, les lois rendues contre les émigrés doivent être exécutées sans restriction dans les deux départemens dont cette île est composée. Il est utile de connaître l'arrêté que le directoire exécutif a pris, le 26 pluviôse an 6, sur le mode d'exécution de ces lois.

CHAPITRE XXXIV.

Colonies.

LA résidence des Français dans les Colonies de la république, n'est point réputée émigration, et ceux dont les noms sont inscrits sur la liste des émigrés, doivent justifier de cette résidence dans les formes ordinaires. Mais comme les circonstances rendent cette justification très-difficile, les prévenus qui fournissent des preuves de non-émigration propres à persuader tout esprit raisonnable , quoiqu'elles ne soient pas revêtues de toutes les formalités prescrites par les lois, peuvent réclamer le bénéfice des mesures provisoires ordonnées par les décrets de la convention nationale des 24 vendémiaire et 11 pluviôse an 2, en faveur de Jean Leroy et Jean-Baptiste-Claude Hooke.

« Les réfugiés de S.-Domingue, à l'époque
» de l'incendie du Cap , et de toutes les Co-
» lonies , dans des circonstances où des évè-
» nemens extraordinaires pouvaient menacer
» leur vie , ne seront pas réputés émigrés,
» s'ils prouvent, par des certificats authen-
» tiques, que, dans le mois après leur départ
» de la Colonie, ils se sont retirés sur le ter-
» ritoire français, ou dans un pays neutre
» ou allié, et qu'ils y ont constamment ha-
» bité jusqu'à l'époque de leur réclamation.»
Tel est le texte littéral de l'article LXXIX de la loi du 12 nivôse an 6, qui est la conséquence du principe consacré par l'art. XIV de celle du 25 août 1792. Il faut cependant observer que, suivant l'art. LXXXI, cette disposition n'est point applicable aux Colons qui ont servi les projets des ennemis de la

république. La même loi du 22 nivôse indique la conduite à tenir envers les individus qui sont ou doivent être inscrits sur la liste des émigrés des départemens coloniaux.

CHAPITRE XXXV.

Malte.

Dans la séance du 18 brumaire an 6, le conseil des 500 a passé à l'ordre du jour sur toutes les réclamations qui lui avaient été présentées en faveur des Français attachés à l'ordre de Malte. Il a pensé qu'ils n'avaient pas perdu le titre de Français ni acquis celui d'étranger ; qu'ils ne pouvaient dès-lors se prévaloir de la résidence à Malte, et qu'ils étaient, comme tous les autres Français, sujets aux lois rendues contre les émigrés.

A l'égard de ceux qui étaient dans cette île, lorsque le général Buonaparte s'en est emparé, leur sort doit dépendre des conventions qui furent faites alors. — Mais ces conventions n'ont pas été ratifiées. — Qui peut y mettre obstacle ? — Elles sont contraires à la constitution. — De quel poids peut être cet argument, qu'on n'a fait avec succès dans aucune circonstance importante ? — Elles blessent les droits de la république. — Le général qui les a signées connaît aussi bien qu'un autre les intérêts de sa patrie. Dans les transactions particulières, lorsqu'une des parties ne peut remplir les charges du contrat, elle en perd les avantages. Je ne sais si cette maxime est contraire aux principes du droit public écrit ou pratiqué, mais elle est conforme au bon sens et à l'équité. Au surplus, Buonaparte sait qu'il n'y a d'utile que ce qui est juste, et n'a jamais manqué à sa parole.

CHAPITRE XXXVI.

Décisions provisoires. (Autorités compétentes pour prononcer les)

LA loi du 28 mars 1793 avait chargé les directoires de département de statuer en première instance sur les réclamations contre la liste des émigrés. Les radiations qu'ils prononçaient étaient provisoires, et les maintenues

nues définitives ; cependant on est dans l'usage de soumettre aussi les maintenues ordonnées en vertu de cette loi, à la décision de l'autorité suprême.

La loi du 25 brumaire an 3 a délégué aux directoires de district la faculté de prononcer les décisions provisoires qui devaient être adressées au comité de législation , après que les articles XXIII et XXIV du titre III avaient été exécutés à l'égard des arrêtés favorables aux réclamans qui n'étaient ni fonctionnaires publics ni militaires : plusieurs administrations ont négligé l'exécution de ces articles; mais l'accomplissement des formalités prescrites par les arrêtés du directoire exécutif des 26 fructidor an 5 et 20 vendémiaire an 6, peut y suppléer.

Il paraît que les directoires de district ont conservé jusqu'au moment de leur suppression l'attribution qui leur a été donnée par la loi du 25 brumaire, et qu'il n'y a eu d'exception à cette règle que par rapport aux individus qui ont réclamé l'application des lois des 22 germinal et 22 prairial an 3, et sur le sort desquels les directoires de département ont dû statuer.

Depuis l'établissement du régime constitutionnel, les décisions provisoires sont prises par les administrations centrales.

La convention nationale a décrété, le 18 pluviôse an 3,

« Que les inscriptions sur les listes d'émi-
» grés et les radiations desdites listes, faites
» en vertu d'arrêtés des représentans du
» peuple en mission dans les départemens,
» seront soumises à l'examen du comité de
» législation, pour être confirmées ou infir-
» mées, conformément à la loi du 25 bru-
» maire an 3. »

CHAPITRE XXXVII.

Décisions définitives. (Autorités compétentes pour prononcer les)

Avant la mise en activité de la consti-tution, les décisions définitives n'ont pu être prononcées légalement que par le conseil exé-cutif provisoire, le comité de législation ou la convention nationale, sauf les maintenues antérieures à la publication de la loi du 25 brumaire an 3, et les radiations accordées aux personnes mises hors la loi individuellement ou comme membres d'un corps. J'ai déjà observé que ces maintenues et radiations étaient définitives , lorsqu'elles avaient été ordonnées par une administration départementale.

Le droit de prendre des décisions définitives avait été rétiré au comité de législation, par la loi du 6 floréal an 3; mais il lui a été rendu par celle du 20 prairial suivant. Il a été délégué au directoire exécutif par la loi du 26 pluviôse an 4, sauf en ce qui concerne les prévenus appelés à la représentation nationale, à l'égard desquels il est statué définitivement par le corps législatif, en vertu de la loi du 5 ventôse même année.

CHAPITRE XXXVIII.

Représentans du peuple inscrits.

Voyez les lois des 3 brumaire , 27 nivôse, 5 et 17 ventôse an 4, et les articles VII, VIII, IX et XXII de la loi du 19 fructidor an 5.

CHAPITRE XXXIX.

Séquestre.

LE séquestre est établi sur les biens de tout individu inscrit sur la liste des émigrés; mais, en exécution de l'article XX du titre III de la loi du 25 brumaire an 3, il est sursis à la vente, si le prévenu a réclamé en tems utile. La disposition ultérieure des biens dépend *toujours* de la décision définitive sur la question d'émigration.

La loi du 5 brumaire an 3 avait ordonné que les personnes rayées provisoirement de la liste des émigrés obtiendraient la jouissance provisoire du produit de leurs propriétés; mais, en l'an 6, le séquestre a été apposé de nouveau sur leurs revenus, en vertu d'une circulaire du ministre des finances, sous le prétexte que cette mesure était une conséquence de la loi du 19 fructidor an 5. Cependant cette loi garde un silence absolu sur ce point, et laisse dès-lors subsister dans toute sa force celle du 5 brumaire. Ainsi le ministre Ramel s'est mis au-dessus des lois et du gouvernement ; ainsi il a mérité le supplice qui devrait attendre tout fonctionnaire prévaricateur. Mais puisque la justice des lois est illusoire, il faut que celle de l'opinion publique la remplace, et que les remords du coupable vengent ses victimes. Puisse le tableau déchirant de leur affreuse situation ne jamais échapper à ses regards effrayés ! puissent ses oreilles être incessamment frappées du bruit de ces paroles terribles :

Exoriare aliquis nostris ex ossibus ultor ! (1)

Mais quand les malheurs qu'il a causés seront-ils réparés ? Est-il permis d'espérer ce bienfait du frère d'armes de Robespierre, du *sauveur public* (2) Lindet ? Le ministère des finances ne sera donc jamais confié à un homme qui réunisse la probité aux lumières ! (3)

---

(1) De leurs cendres un jour puisse naître un vengeur !

(2) Cette expression est de l'auteur des Étrennes de l'Institut, ouvrage où il y a plus d'esprit que de justice.

(3) Quand j'écrivais ce chapitre, j'étais loin de prévoir que le 19 brumaire produirait ce miracle.

CHAPITRE XL.

Pays réunis à la République.

LES lois concernant l'émigration sont exécutées, dans les pays réunis, comme dans les autres parties de la république, sauf en ce qui concerne le tems où la *résidence* doit commencer, et l'époque fixée pour l'application du paragraphe VII de l'article II, et de l'art. III du titre Ier. de la loi du 25 brumaire an 3.

En général, cette époque est celle de l'émission du vœu des habitans pour leur réunion à la France; et la résidence des prévenus d'émigration qui ne sont compris dans aucun cas d'exception, doit être prouvée depuis la fin du troisième mois qui a suivi la proclamation du décret de réunion.' (Voyez le paragraphe IV de l'art. VI du titre Ier. de la loi du 25 brumaire.)

(Voyez d'ailleurs les chapitres de cette notice qui traitent spécialement de quelques-uns des pays réunis.)

Les habitans des autres contrées de la France « ne peuvent opposer pour excuse la » résidence dans les pays réunis à la répu- » blique, pour le tems antérieur à la réunion » proclamée ». (Paragr. VI de l'art. Ier. de la loi du 25 brumaire.)

CHAPITRE XLI.

Belgique et autres pays réunis par la loi du 9 vendémiaire an 4.

IL résulte de l'arrêté du directoire exécutif du 4 fructidor an 4, que les prévenus d'émigration, habitans de la Belgique, ou des autres pays réunis à la république, par la loi du 9 vendémiaire an 4, sont obligés, s'ils n'ont droit au bénéfice d'aucune exception, de justifier de leur résidence sur le territoire français, à dater de l'expiration des trois mois de la publication de ladite loi du 9 vendémiaire.

Il paraît que le mois de mai 1793 est considéré comme l'époque de la révolution des pays qui sont l'objet de ce chapitre, et de l'émission du vœu des habitans pour leur réunion à

la France. Peut-être cette règle est-elle suscep-
tible de quelques exceptions.

CHAPITRE XLII.

Mont-Blanc.

« Sont émigrés tous ci-devant Savoisiens
» qui, domiciliés dans le département du
» Mont-Blanc, en sont sortis *depuis le 10 août*
» 1792, et n'étaient pas rentrés sur son terri-
» toire, ou toute autre partie de celui de la
» république, au 27 janvier 1793 ».

(Paragraphe Ier. de l'article VIII du titre
Ier. de la loi du 25 brumaire; loi du 14 frimaire
an 3).

Dans le mois de messidor an 7, le directoire
exécutif a pris à ce sujet, un arrêté qui con-
tient une erreur très-grave, parce qu'on ne lui
a pas mis sous les yeux la loi du 14 frimaire;
cependant l'erreur de date qui se trouve dans
celle du 25 brumaire, était bien facile à re-
connaître, puisqu'elle contrarie évidemment
une des principales bases des lois sur l'émigration; aussi l'administration centrale du

Mont-Blanc a-t-elle rectifié, autant qu'il dépendait d'elle, l'arrêté du directoire, en faisant réimprimer la loi du 14 frimaire (1).

CHAPITRE XLIII.

Alpes Maritimes.

LÈS 27 septembre 1792 et 25 mars 193, pour les habitans de la ci-devant comté de Nice, et les 30 décembre 1792 et 1er. avril 1793, pour les habitans de la ci-devant principauté de Monaco, remplacent, dans l'exécution des lois sur l'émigration, le 15 juillet 1789, et l'expiration du mois qui a suivi la publication de la loi du 8 avril 1792.

(Paragraphe II de l'article VI du titre Ier. de la loi du 25 brumaire an 5).

(1) La tournure fine et polie qu'on remarque dans l'arrêté des membres *savoyards* de cette administration, prouve qu'ils sont dignes d'être *Français*, tandis que le rédacteur *français* de l'arrêté du directoire, a montré qu'il est un vrai *savoyard*.

CHAPITRE XLIV.

Mont-Terrible.

« Sont émigrés tous citoyens domiciliés
» dans la ci-devant Zauracie qui, sortis de
» son territoire depuis le 23 mars 1793, n'é-
» taient pas rentrés sur celui de la république
» au 23 mai suivant ». (Paragraphe III de
l'article VI du titre Ier. de la loi du 25 brumaire).

CHAPITRE XLV.

Avignon et ci-devant Comtat.

La loi du 22 nivôse an 6, abroge celle du
29 fructidor an 3 , intitulée : « Loi qui dé-
» termine les cas dans lesquels devront être
» déclarés émigrés les habitans du ci-devant
» Comtat d'Avignon ».
Elle porte en outre que « les articles VI,
» VII et VIII du titre Ier. de la loi du 25

» brumaire an 3 , sont déclarés n'être point
» applicables aux habitans des ci - devant
» Comtat Venaissin et Comtat d'Avignon ».

En conséquence, les prévenus d'émigration qui étaient domiciliés dans ce pays , doivent être jugés suivant les lois générales de la ré- publique.

Je crois que les lois des 29 fructidor an 3 et 22 nivôse an 6 , sont également fondées sur une erreur de principe, relativement à l'époque avant laquelle l'absence n'est pas réputée émi- gration ; mais cette question exigerait une discussion très-étendue , qui serait peut-être sans objet.

CHAPITRE XLVI.

Tems utile : déchéance : domicile.

LES prévenus d'émigration doivent réclamer dans le délai de cinq décades , à compter du jour de la publication de la liste sur laquelle leurs noms sont inscrits , et produire leurs pièces justificatives dans le mois suivant. Tel est le principe général établi par les articles

XVII et XVIII du titre III de la loi du 25 brumaire an 3 ; mais ce principe n'est plus applicable qu'aux inscriptions postérieures aux lois dont il va être parlé, et qui ont fixé les délais pendant lesquels les réclamations contre les inscriptions précédentes ont dû être admises.

1°. L'article III de la loi du 26 floréal an 3, porte que « ceux qui, jusqu'à ce jour exclu-
» sivement, n'ont pas réclamé contre leur
» inscription sur la liste des émigrés, sont
» définitivement exclus de le faire, et réputés
» émigrés ».

Il est évident que cette disposition valide toutes les réclamations antérieures, si toute-fois les pièces à l'appui ont été aussi pro-duites avant le 26 floréal ; car on pense que cette condition est dans l'esprit de la loi. Il faut cependant observer que, suivant l'art. II de la même loi du 26 floréal, les prolonga-tions de délai accordées jusqu'alors par le comité de législation, pour produire les cer-tificats de résidence, ont dû avoir leur effet.

2°. L'article II de la loi du 21 prairial an 3, accorde un délai de deux mois aux héritiers des condamnés ou exécutés pour fait d'émi-gration.

3°. Suivant l'art. VI de la loi du 22 prairial an 3, les individus qui, par suite des événemens des 31 mai, 1er. et 2 juin, auraient disparus pour se soustraire à l'oppression, et ceux qui ont été poursuivis en exécution des décrets des 27 mars 1793 et 23 ventôse an 2, ont eu la faculté de produire leur réclamation et les pièces à l'appui, dans les cinq décades de la publication de ladite loi du 22 prairial.

4°. La loi du 4e. jour complémentaire an 3, accorde deux décades aux laboureurs et ouvriers ayant droit au bénéfice de la loi du 22 nivôse précédent, à la charge de justifier de leur profession par une pièce d'une date certaine, antérieure au 15 juillet 1789.

Les personnes dont les noms sont inscrits sur des listes étrangères au département de leur domicile, jouissent du même avantage; mais la loi n'a pas défini ce qu'elle entend par domicile. Je crois que la manière la plus certaine de le constater serait de produire l'extrait de la déclaration qu'on a dû faire devant la municipalité de la commune qu'on quittait et de celle où l'on allait se fixer. Mais comme cette formalité a été généralement négligée, on peut y suppléer par la preuve d'une année de résidence réelle, dans une commune autre que celle habitée par le prévenu avant l'inscription de son nom sur la liste des émigrés. Une aussi longue durée de résidence ne me paraît même pas nécessaire de la part des citoyens dont le changement de domicile résulte de l'habitation avec leurs épouses ou leurs enfans, ou d'un établissement d'agriculture, d'art ou de commerce ; car, dans ces circonstances, la bonne-foi serait évidente.

5°. La loi du 4 fructidor an 4 accorde un délai de deux mois aux défenseurs de la patrie en activité de service lors de leur inscription.

6°. La loi du 26 du même mois porte que celle du 26 floréal an 3 n'est point applicable aux ecclésiastiques sujets à la réclusion ou à la déportation ; et ceux qui n'avaient pas encore réclamé contre leur inscription sur la liste des émigrés, ont été admis ou leurs héritiers à revendiquer leurs biens, et par conséquent à demander leur radiation définitive, dans les six mois qui ont suivi la publication de ladite loi.

7°. Par la loi du 21 ventôse an 5, les héritiers des individus portés sur les listes d'émigrés après leur mort légalement constatée en France, ont été autorisés à se pourvoir, jusqu'au 1er. vendémiaire de l'an 6, pour en obtenir la radiation, en se conformant aux lois existantes.

8°. Les prévenus d'émigration des pays réunis à la république, qui n'ont pas profité des délais accordés par les lois précitées, ont pu produire leurs réclamations et les pièces à l'appui dans les délais fixés par les articles XVII et XVIII du titre III de la loi du 25 brumaire an 3, à compter de la publication de la liste, si elle a eu lieu après leur rentrée sur le territoire français, ou s'ils n'en sont pas sortis, et à compter de leur rentrée en tems utile, si la liste avait été publiée précédemment.

Quant à ceux qui prétendent avoir droit au bénéfice d'une exception, ils ont dû réclamer, dans les mêmes délais, à compter de l'expiration des trois mois qui ont suivi la proclamation du décret de réunion, si la liste avait été publiée antérieurement ; et, dans le cas contraire, dans les délais de la loi du 25 brumaire, à compter de la publication de la liste.

9°. Les suisses inscrits sur la liste des émigrés, et les habitans des pays qui faisaient partie de la confédération helvétique, ne sont pas compris dans les dispositions des lois qui prononcent la déchéance. Il en est de même des autres étrangers, qui n'ont point eu de domicile, ni exercé les droits de citoyen en France. Le motif de cette exception est facile à concevoir ; car il serait contraire à la raison de traiter comme prévenus , ou convaincus d'émigration , des individus dont l'absence ou la sortie du territoire français était un devoir envers leurs pays, et n'a pu jamais être considérée comme émigration.

Il est essentiel d'observer que les certificats de résidence délivrés , ou dont on a justifié avant la promulgation de la loi du 28 mars 1793, ainsi que les arrêtés des corps administratifs qui en ont été la suite, ont été annullés par les articles XXX et XXXI de ladite loi , si les personnes qui les avaient obtenus ont été prévenues d'émigration ; et l'on n'a pu éviter la déchéance qu'en représentant, en tems utile, une nouvelle réclamation et les pièces à l'appui. Cependant il résulte du décret d'ordre du jour prononcé le 23 germinal an 3 , par la convention nationale , que les certificats de résidence délivrés conformément

à

à la loi du 20 décembre 1792, qui a été extraite de celle du 28 mars 1793, dont elle a anticipé en partie l'exécution, ne sont pas du nombre de ceux annullés par ladite loi du 28 mars. La même observation est applicable aux certificats de service militaire et aux pièces tendantes à prouver qu'on avait droit au bénéfice d'une exception, et aux arrêtés qu'elles ont pu motiver.

La réclamation en faveur d'un prévenu est admissible, si elle a été présentée en tems utile par lui-même, ou par toute autre personne, soit à un corps administratif, quand même ce ne serait pas celui qui a ordonné l'inscription, soit à l'autorité supérieure chargée de statuer définitivement ; mais une simple réclamation ne suffit pas pour garantir un prévenu de la déchéance ; il faut encore que les pièces à l'appui aient aussi été présentées en tems utile. La date de la représentation d'une réclamation et des pièces justificatives, est celle qui est constatée par l'enregistrement sur les livres de l'administration, ou par un arrêté authentique, ou par le certificat de l'adminis_tration.

Un prévenu doit être admis en tout tems à remplacer par des pièces légales des pièces

irrégulières ou incomplètes, si celles-ci ont
été produites en tems utile, et à plus forte
raison, si elles ont servi de base à une radiation provisoire, à moins que l'émigration du
pétitionnaire ne soit certaine.

On sent que le fonds de l'affaire et la conduite des réclamans, doivent influer sur la décision de la question de déchéance ; car, a-t-il
été dans l'intention du législateur de l'opposer
à la radiation des individus dont la non-émigration serait évidente, dont la conduite aurait été *républicaine*, dont les biens n'auraient
pas été séquestrés ; enfin qui, par quelque circonstance que ce soit, auraient *véritablement*
ignoré leur inscription ?

Les formes de la justice ne doivent jamais
servir de prétexte pour égorger l'innocence.

CHAPITRE XLVII.

Ordre des radiations.

LA loi du 17 messidor an 7, *qui règle l'ordre de radiation des individus inscrits sur la liste des émigrés*, est contraire au bon sens, à l'équité, et aux principes constitutionnels; il suffit de la lire pour en être convaincu : je me dispenserai donc de prouver une chose dont il n'est pas même possible de douter.

Je crois que l'ordre des décisions définitives devrait suivre, *autant que possible*, l'ordre de date des décisions provisoires. Je dis autant que possible, parce qu'il y a des affaires qui, par des circonstances puissantes, par exemple, celles des défenseurs de la patrie, ne doivent pas être assujetties à un ordre fixe. Cet ordre, suivi rigoureusement, pourrait d'ailleurs entraver la marche des affaires, parce qu'elles n'exigent pas toutes les mêmes formalités et les mêmes délais dans l'instruction.

CHAPITRE XLVIII.

CONCLUSION.

Proposition d'un Tribunal extraordinaire pour juger les réclamations.

ON paraît généralement d'accord sur la nécessité d'accélérer le jugement des demandes en radiation de la liste des émigrés. Il est donc superflu de répéter ici ce que j'ai dit dans la préface de cet ouvrage, ce dont tous les bons esprits sont convaincus. Mais à quelle autorité ce pouvoir sera-t-il confié ? Le directoire exécutif en avait été investi par la loi du 28 pluviôse an 4. La surveillance des inscriptions faisait aussi partie de ses attributions, et il en ordonnait quelquefois *de propre mouvement* [1].

Ainsi, il était à-la-fois accusateur et juge. Est-il rien de plus contraire à la justice et à la morale, aux principes de toute constitution fondée sur la liberté? On a vu d'ailleurs

[1] Voilà la seconde fois que j'emploie cette expression, quoique je n'ignore pas qu'elle caractérisait les volontés arbitraires du roi ; mais les actes despotiques doivent-ils changer de nom, parce que les tyrans n'ont pas le même titre ?

que le travail se fait avec une lenteur déso-
lante, et que plus on avance, plus il en reste.
Au lieu de réfuter en forme les argumens des
sophistes qui niaient le mouvement, Archi-
mède se mit à marcher en leur présence. A
tous les raisonnemens en faveur du mode actuel des radiations, je répondrai : *Il ne marche
pas.* Comment, en effet, un gouvernement,
occupé des plus grands intérêts, pourrait-il
se livrer avec succès à l'examen des détails
minutieux des affaires particulières ? Il le peut
encore aujourd'hui moins que jamais, car rien
n'est plus incompatible que ce travail avec les
inspirations du génie.

On a proposé de déléguer aux tribunaux, ou
aux administrations de département, le droit
de prononcer les décisions définitives ; mais
cette mesure donnerait-elle une garantie suffi-
sante à la république contre les émigrés, à
l'innocence contre les préventions et l'injustice ? Je ne le pense pas. Tel est pourtant le
double but qu'il faut atteindre, et je crois
qu'on n'y parviendra que par la création d'un
tribunal extraordinaire, composé de trente-
cinq membres, et divisé en sept chambres ou
sections ; les juges seraient choisis par les commissions législatives : la commission consulaire

nommerait, auprès du tribunal, un commissaire du gouvernement, et sept substituts ; les séances seraient publiques, et le tribunal ne rendrait de jugement qu'après avoir entendu le rapporteur de l'affaire, le commissaire du gouvernement, ou l'un de ses substituts, et le défenseur de la partie intéressée. Je me borne à indiquer les idées principales qu'on pourrait perfectionner par le mode d'organisation.

J'entends déjà les objections contre la publicité des jugemens, et la défense des prévenus, tant les institutions vicieuses font naître et fortifient les préjugés !

Avant la révolution, le secret des jugemens criminels et les accusés sans appui, n'excitaient-ils pas les réclamations de tout ce qui portait un cœur droit, et avait reçu quelques idées libérales ? N'est-ce pas à l'aide de ces abus révoltans que le fanatisme religieux conduisit les infortunés Calas et Labarre sur l'échafaud, avant que la voix de la raison pût se faire entendre ? L'assemblée constituante, qu'on a souvent calomniée, mais jamais égalée, n'at-elle pas été l'interprête de l'opinion publique en signalant son entrée dans sa carrière mémorable, par une loi qui donna des défenseurs aux accusés, et voulut que les jugemens fussent publics ? Robespierre lui-même osa-t-il enfreindre cette loi, jusqu'au 22 prairial ? et même le décret assassin qui fut alors adopté, n'alla pas jusqu'à rendre les jugemens secrets.

Quoi ! un simple tribunal de police, dont la compétence ne s'étend pas au-delà de 3 jours de prison, ne peut prononcer aucun jugement qu'en présence du public, et après avoir entendu l'accusé ou son défenseur, et ces formes salutaires sont violées lorsqu'il s'agit du sort d'un homme, de la fortune et de l'état politique de toute une famille! En l'an 8 de la république, après le 19 brumaire, on laisserait subsister, on consacrerait un mode de jugement dont il n'y a d'exemple qu'en Asie! L'inquisition du moins, toute inquisition qu'elle est, veut bien entendre ses victimes avant de les égorger. Pourrait-on encore avoir la pensée de conserver au gouvernement le plus puissant levier de tyrannie et de corruption? Oh! non : il est indigne de lui ; ses mains robustes le briseraient avec éclat, plutôt qu ed'en continuer l'usage épouvantable. On frémirait, si on connaissait la plus faible partie des intrigues et des horreurs dont il a été la cause. Mais il me suffit d'indiquer les moyens d'en empêcher le retour, et j'aime trop ma patrie pour dévoiler des vérités si honteuses. « Il n'y » a de crimes aux yeux des législateurs et des » gouvernans éclairés, que ceux qui sont » caractérisés tels par la morale de tous les » pays et de tous les tems ».

Le législateur distingué (1) qui a prononcé ces paroles remarquables, pense aussi sans doute, avec ses collègues, qu'il n'y a de punitions légitimes que celles qui sont prononcées par un tribunal compétent et dans des formes que la raison puisse avouer.

____

(1) Cabanis : séance du 25 brumaire an 8.

POST-SCRIPTUM.

CHAPITRE XLIX.

Moyens de clore la liste des Émigrés.

Tous les journaux sont remplis de plaintes contre la liste des émigrés, et d'observations sur la nécessité de la clore ; mais aucun n'indique les moyens de parvenir, sans inconvénient, à cet heureux résultat. Avant de présenter celui qui me paraît convenable, je crois utile de définir le délit dont la repression, mal dirigée, a produit des effets si funestes.

L'émigration peut être considérée sous trois principaux rapports :

1º. En tems de paix et de calme ;

2º. En tems de dissensions intérieures et de guerre contre l'étranger ;

3º. Dans les mêmes circonstances, lorsque l'émigré se réunit aux ennemis de sa patrie.

Dans le premier cas, l'absent annonce de

l'indifférence pour son pays, et mérite de perdre les droits de citoyen, comme le voulait la ci-devant constitution de l'an 3.

Dans le second, l'émigré est coupable d'une fuite lâche et honteuse, et doit être puni d'un bannissement temporaire.

Sous le troisième rapport, il est un traître, et doit subir un bannissement perpétuel.

Mais, dans tous les cas, je ne voudrais pas que la loi prononçât la confiscation des biens des Français qui émigreraient à l'avenir. Cette mesure est, en effet très-immorale, puisque le gouvernement est intéressé à voir augmenter le nombre des coupables, et très-injuste, puisqu'elle punit les enfans du crime de leur père. Il n'y a que le dieu des Hébreux et les tyrans, qui puissent se venger jusqu'à la troisième et la quatrième génération.

Ce que j'ai dit dans la conclusion de cet ouvrage est déjà un retour aux principes qui peut guider dans le choix des moyens de clore la liste des émigrés. Pour opérer de suite et sans dangers cette mesure salutaire, il suffirait d'ordonner que le crime d'émigration serait à l'avenir du ressort des tribunaux ordinaires, et que les prévenus seraient jugés d'après des formes qui puissent garantir les droits de l'innocence. Il serait sur-tout très-nécessaire de mettre beaucoup de célérité dans les jugemens, et de ne pas commencer par agir envers les prévenus comme s'ils étaient convaincus. Ainsi l'on parviendrait à mettre la propriété et la sûreté à l'abri de toute atteinte arbitraire, sans favoriser imprudemment les ennemis de leur pays; ainsi les singes modernes des Marius et des Sylla ne pourraient plus inscrire sur une table de proscription l'homme de bien dont ils voudraient se venger et recueillir les dépouilles; ainsi la république et son gouvernement acquerraient de nouveaux droits à l'amour des citoyens et aux respects du monde.

F I N.

TABLE ALPHABÉTIQUE

DES MATIERES.

(94)

(95)

Fin de la Table.

ERRATA.

Page 7, ligne 5, leur famille qui sollicite; *lisez :* leurs familles qui sollicitent.

P. 9, ligne dernière, républicains; *lisez :* plus républicains.

P. 10, ligne 10, pour les coupables, *lisez :* pour le coupable.

P. 16, ligne 7, la prévention de l'émigration; *lisez :* la prévention d'émigration.

P. 18, ligne 19, et 1er; titre III; *lisez :* et 1er, titre III.

P. 22, ligne 2, n'a présente, *lisez :* n'a pas présenté.

P. 27, ligne 4, les certificats produits, *lisez :* les certificats d'écrou produits.

Page 36, lignes 3 et 4, avant le 15 juillet 1792; *lisez :* avant le 15 juillet 1789.

P. 36, ligne 6, établi; *lisez :* mis.

P. 36, ligne 7, mis; *lisez :* établi.

P. 40, ligne 8, sous laquelle ils gémissaient; *lisez :* sous laquelle gémissaient.

P. 42, ligne 21, du 13 brumaire; *lisez :* du 18 brumaire.

P. 52, lignes 17 et 18, avant le 2 mars 1793; *lisez :* avant le 29 mai 1793.

P. 54, ligne 14, les hôpitaux; *lisez :* les hôpitaux militaires.

P. 60, ligne 6, l'article du 5, arrêté; *lisez :* l'article 2 du cinquième arrêté.

P. 71, ligne 16, justifier à leur résidence; *lisez :* justifier de leur résidence.

www.ingramcontent.com/pod-product-compliance
Ingram Content Group UK Ltd.
Pitfield, Milton Keynes, MK11 3LW, UK
UKHW020943140726
13695UKWH00003B/1178